FACULTÉ DE DROIT D'AIX

THÈSE

POUR LA LICENCE

PRÉSENTÉE PAR

Louis CAFFARENA

Né à Toulon (Var).

*Cette Thèse sera soutenue dans la grande salle des actes publics
le 29 juillet 1869, à 7 heures du matin.*

TOULON

TYPOGRAPHIE J. LAURENT, RUE ROYALE, 49.

1869

A MON PÈRE. — A MA MÈRE.

A LA MÉMOIRE CHÉRIE DE MA SŒUR MARIE.

A MA SŒUR.

A MES PARENTS.

A MES AMIS.

Louis CAFFARENA.

FACULTÉ DE DROIT D'AIX

THÈSE

POUR LA LICENCE

PRÉSENTÉE PAR

Louis CAFFARENA

Né à Toulon (Var).

Cette Thèse sera soutenue dans la grande salle des actes publics
le 29 juillet 1869, à 7 heures du matin.

TOULON

TYPOGRAPHIE J. LAURENT, RUE ROYALE, 49.

1869

SOMMAIRE

JUS ROMANUM

DE REBUS CREDITIS

(Lib. XII, tit. 1.)

Omnes contractus, qui alienam fidem adstringunt, veluti commodatum, depositum, pignus atque mutuum, sed præcipue mutuum appellatione credendi generali nominantur.

De Mutuo

Quid est mutuum ?

Mutuum est contractus, quo quædam persona in aliam transfert dominium fungibilium rerum « quæ numero, mensurâ vel pondere constant, » eâ lege ut, postea reddatur ipsa quantitas rerum ejusdem naturœ et ejusdem qualitatis. Cujacius mutuum sic definit : « Creditum quantitatis datæ eâ lege ut ipsa quantitas reddatur in genere non in specie eâdem. » Accipere igitur ant dare in mutuum, est ita accipere vel dare ad abutendum, eâ lege ut, tantumdem sed non idem reddatur ; verbi gratià vinum, frumentum, pecuniam numeratam et hujusmodi quæ numero pondere vel mensurâ constant ; sed veluti Cujacius dicit, idem genus redditur ; nam si res dissimiles reddamus, non erit mutuum ; veluti ut prò pecuniâ numeratâ vel prò cælatis pretiosè vasis fructus vel servum reddas. Necesse est quoque mutuum complecti solummodo res, quæ numero, pondere vel mensurâ constant, quia si corpora certa essent, velut quidam equus, vel quædam statua, tum non erit mutuum , sed omminò permutatio ; quamvis res reddita ejusdem naturæ fuisset veluti : Seius domum suam Titio traddit ut Titius deindè suam transferat.

Solæ igitur res fungibiles in mutuum veniunt.

Mutuo sic definito, hujus contractûs naturam inspiciemus :

Ad substantiam contractûs mutui, duo conditiones requiruntur :

Primum, oportet dominium rei, quæ mutuo datur, in accipientem transferri ; deindè, ita dari ut is qui accepit, obligetur ad restituendum quod accepit, genere non specie idem.

Necessaria est in mutuo traditio, ut tradens in mutuo accipientem dominium rei transferat. Enimverò, mutuum appellatum est, quia ita a me tibi datur, ut ex meo tuum fiat ; et non solùm necessariam traditionem esse , non solùm dantem dominium rei habere , et in alium transferre dominium velle, sed etiam necesse accipientem consentire. In mutui datione, necesse est dantem esse dominum, quia non posset transferre dominium quod non haberet ; traditio necessaria est, quia traditione solùm transferuntur rerum dominia ; (traditio ad res *nec man-cipi*, atque mancipatio et cessio in jure ad *res mancipi)* ; et id semper esse, nisi res, quas dare volo, jam in *manu* accipientis sint ; nam si ita sit, animo possidere cæpit ; ergò transit periculum ad eum qui mutuo rogavit et poterit ei condici.

Omnia quæ sunt in commercio, dari possunt in mutuo ; atque non necesse est ut contractus complectatur res quæ ipso usu consumuntur ; immobilia etiam in mutuo venire possunt ; sic, si transferam dominium quinquaginta jugerum Titio, eâ lege ut mihi Titius reddat, in genere, quinquaginta alia, posteà notanda, sive in Gallis, sive in Africâ, profectò contractus erit.

Deniquè oportet inter mutuo dantem et mutuo accipientem, de transferendo rei mutuo datæ dominio convenisse.

Quod si error de naturâ contractûs inter agentes lapsus fuerit, quod si quasi deponens ego tibi dedero, tu contra quasi mutuum acceperis, nullus contractus efficietur, nec depositum nec mutuum ; sed, consumptâ pecuniâ numeratâ, condictioni, sine doli exceptione, locus erit ; et generaliter, quotiescumque mutuum non consistit, quia pecuniæ dominium in accipientem translatum non est, attamen validum est, quum bonâ fide consumpta fuerit ; itaque, si pupillus sine tutoris auctoritate crediderit, aut solvendi causâ dederit, consumptâ pecuniâ, condictionem habet vel liberatur.

Demum is qui accipit, obligatur ad restituendum quod accipit, non specie sed genere idem ; quod proprie mutuum constituit ; etenim, mutuum a quibusdam contractibus differt, in id, ut accipiens restituere debeat eamdem rem creditam ; atque profectò, quum mutuum damus, volumus, non easdem res quas dedimus nobis reddi (alioquin commodatum erit aut depositum) sed idem genus.

Mutuum igitur contractus est, in quo solus accipiens, obligatur. Consistit tantum intra eas res quo pondere, numero sel mensurâ constant.

Mutuum in duobus præsertim differt a credito :

1° Mutuum consistit in his rebus quæ pondere numero vel mensurâ constant, quoniam his rebus datis creditum facere possumus ;

Creditum contrà, consistit, extra eas res quæ pondere, numero vel mensurâ constant.

2° Altera discriminis ratio :

Mutuum non potest esse, nisi numeretur pecunia ; creditum autem, interdum, etiamsi nihil numeretur, veluti si post nuptias dos promittatur, esse potest.

Ex his quæ hactenus diximus de naturâ mutui, illud sequitur : creditum a mutuo differt tanquam genus a specie. Non solùm factis, sed etiam verbis quoque credere possumus, veluti stipulatione ; ideòque mutuum condìtiones habere potest.

Dici superest qui mutuo contrahant, et ita dominium transferant et acquirant. Nec furiosus, nec cui bonis interdictum est, nec pupillus sine tutoris auctoritate mutuo dare vel accipere possunt. Si quis ex his, mutuam pecuniam sine tutoris auctoritate, dederit, non contrahit obligationem, quia pecuniam non facit accipientis ; ideò que nummos vindicare potest, sicubi extent ; sed si nummi, quos pupillus dederit, ab accipiente, bonâ fidè consumpti sunt, condici possunt ; si contra, malâ fidè, ad exhibendum adversus debitorem agere potest, ut judex illum condemnet ex jurejurando. Attamen servi et filiifamiliâs, in mutuo dare poterant res, quæ in peculio continentur, quamvis non habuissent dominium rerum.

Nunc, quum de mutuo ipso disserimus, de actione, quæ ex hoc contractu nascitur, agamus ; idem, de condictione certi.

Condictio certi.

Condictio certi, quæ mutui sanctio est, ut ita dicam, est in personam actio in jus, quâ is qui mutuo dedit, ab accipiente intendit, sibi restitui id quod dedit, non quidem specie sed genere idem.

Condictio certi sic appellatur, quia *intentio* certa est. Hæc condictio certi acquiritur ei qui mutuo suam rem dedit ; aut cujus nomine mutuo datum est ; sed non datur ei, cujus erat pecunia quæ mutuo data est.

« Si nummos meos tuo nomine dedero, velut tuos, absente te et ignorante, scribit Aristo, acquiri tibi condictionem. Nunc, quum servus communis mutuam pecuniam dedit, dominis pro partibus suis competit condictio. »

Hæc condictio datur adversus accipientem, atque per hanc actionem, quod mutuo datum est, idem non specie sed genere, restitui debet ; sed solùm quantitate et qualitate idem. Non solùm ex contractibus hæc condictio certi nascitur, sed etiam ex quasi contractibus et ex delictis, et generaliter, ex omni causâ, ex quâ quid certi debetur. Denique stricti juris actio est. Duo sunt condictiones certi, dicit Ulpianus : « Qui certam pecuniam numeratam petit, illâ actione utitur *si certum petitur* ; qui autem alias res, per *triticariam* condictionem petet, sive in pondere, sive in mensurâ constent, sive mobiles sint, sive soli. »

Mutuum semper gratuitum est ; interdum autem usuram producit, et appellatur *fœnus ;*

Fœnus igitur, nihil aliud est quam mutuum in quo, accipiens, tradenti promittit reddere pauloампliùs quam accepit.

CODE NAPOLÉON

DE L'ACCEPTATION PURE ET SIMPLE

ET DE LA RÉPUDIATION DES SUCCESSIONS

(Art. 774 à 792.)

En droit français, il y a deux sortes d'acceptations : L'acceptation pure et simple, et l'acceptation sous bénéfice d'inventaire. L'acceptation sous bénéfice d'inventaire étant matière étrangère à notre thèse, nous ne parlerons que de la première.

CHAPITRE Ier

ACCEPTATION PURE ET SIMPLE.

L'acceptation est l'acte par lequel l'héritier saisi consent à prendre la qualité d'héritier et à contracter tous les engagements qui peuvent en résulter.

SECTION Ire

Des conditions requises pour la solidité de l'acceptation.

Pour être valable, l'acceptation doit réunir plusieurs conditions ; il faut :

1° Que la succession soit ouverte ; en effet, la loi prohibe tout traité ou toute convention sur une succession non encore ouverte (art. 1130).

2° Il faut que l'héritier sache que la succession est ouverte ; car autrement son acceptation aurait ce caractère immoral dont parle l'article 1130.

3° Il faut que l'héritier soit capable de s'obliger et d'aliéner ; car, en acceptant, il prend sur lui seul la responsabilité de payer toutes les dettes et charges de la succession. Aussi la femme mariée ne peut-elle accepter une succession qu'avec l'autorisation de son mari ou de la justice (art. 776). Il en est de même de ceux qui sont pourvus d'un conseil judiciaire ; ils doivent recourir à l'assistance de leur conseil ; enfin, quant aux mineurs et aux interdits, ils seront représentés par leurs tuteurs et ceux-ci ne pourront accepter les successions échues à ces incapables, que sous bénéfice d'inventaire : encore faudra-t-il qu'ils y aient été expressément autorisés par le conseil de famille (art. 776).

<h2 style="text-align:center">SECTION II</h2>

<h3 style="text-align:center">Formes de l'acceptation.</h3>

L'acceptation pure et simple peut être *expresse* ou *tacite*.

Elle est *expresse*, dit l'article 778, lorsqu'on prend le titre ou la qualité d'héritier dans un acte authentique ou privé. La loi exige ici un acte écrit et non une simple déclaration verbale, afin d'éviter toute contestation sur la preuve d'un fait si important.

L'acceptation est *tacite* lorsque l'héritier fait un acte qui suppose nécessairement son intention d'accepter, et qu'il n'aurait droit de faire qu'en sa qualité d'héritier.

Les actes purement conservatoires, de surveillance et d'administration provisoire ne sont pas des actes d'adition d'hérédité ; mais il n'en est pas de même des actes de dispositions : le successible qui agit en propriétaire sur les biens de l'hérédité doit être considéré comme acceptant. Il faudra donc uniquement considérer si l'acte suppose ou non l'acceptation pure et simple; dans le premier cas, le successible sera désormais héritier pur et simple ; dans le second cas, l'héritier pourra ou renoncer ou accepter sous bénéfice d'inventaire. La loi a même pris le soin de régler quelques actes dans l'article 780, parce que, dans notre ancien droit, des doutes s'étaient élevés à ce sujet. Ainsi :

1° La donation, vente ou transport que fait de ses droits successifs un des cohéritiers, soit à un étranger soit à tous ses cohéritiers, soit à quelques-uns d'eux, em-emporte de sa part acceptation de la succession. Il est évident que celui qui donne vend ou transfère une chose doit en être le propriétaire ; donc l'héritier qui donne ou transfère ses droits a dû les acquérir en acceptant l'hérédité.

2° La renonciation même gratuite, que fait un des héritiers au profit d'un ou de plusieurs de ses cohéritiers (art. 780). Ici encore cette renonciation dépouille certains héritiers de leur droit d'acroissement au profit de leurs cohéritiers ; cela suppose évidemment que l'on accepte l'hérédité.

3° La renonciation faite par un héritier au profit de tous ses cohéritiers indistinctement lorsqu'il reçoit le prix de sa renonciation. En effet, une telle renonciation n'est qu'une vente de droits successifs faite par l'un des héritiers à ses cohéritiers.

SECTION III

De la transmission des successions.

L'héritier, dès que la succession est ouverte, a un droit sur elle, et en mourant, il transmet ce droit à ses héritiers qui auront les mêmes droits que lui, c'est dire qu'ils pourront accepter purement et simplement, ou sous bénéfice d'inventaire ou renoncer ; mais, de même que pour le défaut, ils n'auront que le droit de choisir un parti ou l'autre ; et s'ils ne sont pas d'accord pour accepter ou pour répudier la succession, ils devront l'accepter sous bénéfice d'inventaire (art. 782).

SECTION IV

Résolution de la succession.

L'acceptation, en principe, est irrévocable. Elle peut cependant être révoquée, dans certains cas ; ainsi lorsqu'elle émane d'un incapable, ou bien, lorsque la succession étant insolvable, elle a été faite par l'héritier, en fraude de ses créanciers (art. 1167.) Elle peut l'être encore ; lorsqu'elle est le résultat d'un dol, et enfin dans le cas déterminé de lésion, c'est-à-dire, dans le cas où la succession se trouverait absorbée ou diminuée de plus de moitié par la découverte d'un testament inconnu au moment de l'acceptation.

Quoique le Code ne mentionne que le dol et la lésion, dans certains cas, l'acceptation peut être révoquée lorsqu'il y a violence, parce que la violence est un vice de consentement plus grave que le dol.

La prescription de l'action en nullité de l'acceptation est de trente ans ; elle court, dans le cas de dol ou de testament inconnu du jour de la découverte de ce dol ou de ce testament : en cas de violence, du jour où elle a cessé, et, pour l'incapable, du jour de sa majorité (art. 1304).

CHAPITRE II

DE LA RENONCIATION DES SUCCESSIONS.

La renonciation est l'acte par lequel celui à qui une succession est déférée se dépouille de la qualité d'héritier.

Pour pouvoir renoncer à une succession, plusieurs conditions sont nécessaires. Il faut :

1° Que la succession soit ouverte ;

2° Que l'héritier sache que la succession est ouverte ;

3° Qu'il soit capable de s'obliger et d'aliéner.

SECTION Ire

Formes de la Renonciation.

La renonciation à une succession, dit l'art. 784 ne se présume pas : elle doit toujours être *expresse*. Elle devra être faite, dit le même article, au greffe du tribunal de première instance dans l'arrondissement duquel la succession s'est ouverte, sur un registre particulier tenu à cet effet. Une renonciation à une succession par acte notarié, ne serait plus valable comme autrefois. Cette inscription de la renonciation sur un registre spécial déposé dans chaque greffe a été introduite en faveur des créanciers.

SECTION II

Effets de la renonciation.

L'héritier qui renonce est censé n'avoir jamais été héritier (art. 785). On voit donc par là que les effets de la renonciation remontent, comme ceux de l'acceptation, au jour de l'ouverture de la succession (art. 777). En fait, il a bien été héritier, mais au point de vue du droit, il ne l'a jamais été. Mais alors que devient la succession répudiée ?

1° D'abord, l'héritier renonçant doit restituer les biens héréditaires ;

2° Si l'héritier renonçant a des cohéritiers, sa part accroît à ses cohéritiers ; s'il est seul, elle est dévolue au degré subséquent (art. 786).

Mais cette règle est trop absolue, un exemple va le démontrer : Supposons que le défunt laisse son père, son fils et son petit-fils ; qu'arrivera-t-il ? — Le petit-fils profitera de la renonciation du fils à la place du père et cependant le petit-fils est au deuxième degré tandis que le père est au premier degré.

La renonciation n'est point, dès l'origine irrévocable : l'héritier peut reprendre la succession tant qu'elle n'a pas été acceptée par ceux qui devaient la recueillir, et que les délais de la prescription ne sont pas expirés. Mais si la loi lui permet de reprendre la succession, elle lui impose certaines obligations ; il doit respecter non seulement les droits acquis à des tiers, sur les biens de la succession, par voie de prescription, mais encore tous les actes faits, dans le temps intermédiaire, par le curateur qui a pu être nommé à la succession vacante (art. 790).

Mais si la renonciation, de la part de l'héritier renonçant était faite au préjudice de ses créanciers personnels, ceux-ci pourraient demander en justice l'annulation de cette renonciation qui aurait été faite en fraude de leurs droits. Dans ce cas, la renonciation n'est annulée qu'en faveur des créanciers, et jusqu'à concurrence seulement de leurs créances ; elle ne l'est pas au profit de l'héritier qui a renoncé.

Aux termes de l'article 789, la faculté d'accepter ou de répudier une succession se prescrit par le laps de temps requis pour la prescription la plus longue des droits immobiliers, c'est-à-dire de trente ans (art. 2262). Après les trente ans nécessaires à son accomplissement, l'héritier doit être regardé comme acceptant.

La loi a défendu, même par contrat de mariage, toute renonciation à la succession d'un homme vivant, afin d'abroger une règle admise dans l'ancien droit qui autorisait les conventions avec l'assentiment de la personne dont la succession était en jeu.

Faisons remarquer, en terminant, que les héritiers qui auraient détourné ou recelé des effets d'une succession sont déchus de la faculté d'y renoncer. Le détournement et le recel leur donnent irrévocablement la qualité d'héritiers purs et simples, malgré toute renonciation de leur part, ils sont, en outre, privés de leur part dans les objets détournés ou recelés.

DROIT CRIMINEL

DE LA POSITION DES QUESTIONS AU JURY

(Inst. crim. 337-340.)

Après le résumé du président, résumé qui doit être le tableau fidèle et impartial des débats, on arrive à la position des questions. Le soin de poser les questions est confié au président et non à la Cour sauf les réclamations soit du ministère public, soit de l'accusé sur la rédaction des questions qui ne seraient pas conformes à la loi. Du reste, en posant des questions, le président se guide sur l'arrêt de la Chambre des mises en accusation ; aussi renvoie-t-il purement et simplement à l'acte d'accusation ; car aux termes de l'article 341 il doit être remis au jury.

Les questions posées au jury renferment le fait principal et toutes les circonstances qui le modifient.

La position des questions au jury a donné lieu à plusieurs systèmes.

D'après le Code de 1791 et notamment d'après celui du 3 brumaire an IV, il était défendu de poser au jury aucune question complexe ; s'il s'agissait par exemple d'un meurtre, le président posait d'abord cette question : « 1° Le fait est-il constant ? » Puis : « L'accusé en est-il l'auteur ? » 2° « A-t-il agi volontairement ? » Enfin à toutes ces questions s'en ajoutaient encore d'autres. Aussi ce système entrainait-il quelquefois pour le jury, de grandes difficultés. Sous le Code de 1808, on posait une seule question, qui n'est autre que l'article 337 : « L'accusé est-il coupable d'avoir commis tel meurtre, tel vol ou tel autre crime, avec toutes les circonstances comprises dans le résumé de l'acte d'accusation ? » Mais il y avait encore ici une difficulté. En effet, la réponse du jury pouvait être vraie pour un point, et ne pas l'être pour un autre. Aussi fut-on obligé d'admettre une division dans les questions que l'on poserait au jury. — Cette division fut établie par la loi du 13 mai 1836. L'article 1er de cette loi dit : « Le jury notera par bulletins écrits et par scrutins distincts et successifs, sur le fait principal d'abord, et, s'il y a lieu, sur chacune des circonstances aggravantes, sur chacun des faits d'excuse légale, sur la question de discernement, et enfin sur la question des circonstances atténuantes que le chef du jury sera tenu de poser toutes les fois que la culpabilité de l'accusé aura été reconnue. »

§ I. Fait principal. — La question sur le fait principal devra comprendre tous les éléments qui constituent le crime, c'est-à-dire les éléments indispensables pour l'existence même du crime, et le président en posant la question au jury, devra poser la question légale. S'agit-il par exemple d'un assassinat, il devra dire : « Cet homme est-il coupable d'avoir tué un tel avec préméditation ? » Et dans un autre cas : « Cet homme est-il coupable d'avoir volontairement fait des blessures ou porté des coups à un tel ? »

§ II. Circonstances aggravantes. — L'article 338 dit : « S'il résulte des débats une ou plusieurs circonstances aggravantes, non mentionnées dans l'acte d'accusation, le président ajoutera la question suivante : « L'accusé a-t-il commis le crime avec telle ou telle circonstance ? »

Il peut arriver que l'audition des témoins à l'audience fournisse des faits inconnus jusque là, tout-à-fait autre que ceux contenus dans l'acte d'accusation. Dans ce cas, le jury aura à statuer sur ces faits nouveaux, mais à condition qu'ils se rattachent, comme circonstances aggravantes, au fait principal. Si au contraire, dans le cours des débats, on acquiert contre l'accusé des indices plus ou moins graves, des preuves de crimes parfaitement distincts, entraînant par eux-mêmes des pénalités spéciales, on ne devra pas appliquer l'article 338, mais bien l'article 379.

Pour appliquer l'article 338, il faut que les faits se rattachent au fait principal, et entraînent une aggravation de peine. Le jury ne pourrait donc pas statuer sur des crimes appris pendant le cours des débats, n'ayant rien de commun avec celui qui fait l'objet de l'accusation et pouvant être poursuivis séparément.

Il peut y avoir cependant exception. Ainsi, dans une affaire de meurtre, le président peut poser au jury, comme résultant des débats, la question de savoir, si le meurtre n'a pas été accompagné d'une tentative de vol.

Faisons remarquer que, pour que le jury puisse statuer sur ces faits nouveaux, il faut que la peine qu'ils comportent, soit inférieure à celle du fait qui fait l'objet de la poursuite.

§ III. EXCUSES. — L'article 339 s'occupe des faits d'excuse, matière qui est aussi traitée par l'article 65 du Code pénal ; cet article déclare en effet qu'aucun fait ne peut être excusé, ni la peine mitigée, que dans le cas et les circonstances où la loi déclare le fait excusable ou permet de lui appliquer une peine moins rigoureuse. L'article 339 organise, sous le rapport de la procédure criminelle, la règle du droit pénal en fait d'excuse.

Définissons le mot excuse :

On appelle excuses, certaines circonstances prévues, définies par la loi, et qui ont pour effet de diminuer la culpabilité d'un accusé déclaré coupable ; aucun fait ne peut être déclaré tel, si ce n'est dans les cas prévus par la loi. L'énumération des excuses se trouve renfermée dans l'article 321 et suivants du Code pénal.

Il ne faut pas confondre les excuses, comme la provocation, avec les causes de justification, comme la démence ; les premières seulement doivent être soumises au jury, tandis que les autres sont comprises dans les questions de culpabilité. Pareille distinction doit aussi être faite entre les excuses, qui sont des faits précis et définis, et les circontances atténuantes, qui s'appliquent à des faits vagues et non définis.

Toutes les fois que l'accusé allèguera un fait d'excuse, la question devra être posée au jury à peine de nullité (art. 339). Les mots *à peine de nullité* ont été ajoutés par la loi du 28 avril 1832, voici pour quel motif : Avant cette loi, la Cour vérifiait si ces faits d'excuses résultaient des débats, elle pouvait par conséquent ne pas soumettre cette question à la décision du jury ; c'était donc là un abus de pouvoir ; voilà pourquoi ces mots *à peine de nullité* ont été ajoutés à l'article 339. Aujourd'hui donc le président devra poser la question, toutes les fois que l'accusé allèguera un fait d'excuse.

La question devra aussi être posée pour des excuses énoncées dans l'acte d'accusation.

§ IV. DISCERNEMENT. — Si l'accusé, dit l'article 340, a moins de seize ans, le président posera, à peine de nullité, cette question : « L'accusé a-t-il agi avec discernement ? »

Ici encore, il y a nullité de l'arrêt, en cas d'omission de cette question, mais avec la différence, qu'ici, le président doit poser d'office la question, et sans aucune réclamation de l'accusé, tandis que dans l'article 339, la nullité n'a lieu que si, formellement posée par l'accusé, la question n'a pas été posée au jury.

Si le jury répond par ces mots : « sans discernement », l'acquittement de l'accusé séra prononcé ; si au contraire le jury dit : « avec discernement », l'accusé sera condamné mais moins sévèrement, que s'il avait été âgé de plus de seize ans.

La question de discernement, posée au jury, doit être résolue contre l'accusé à la majorité de sept voix.

DROIT COMMERCIAL

DES MODES DE PREUVES EN DROIT COMMERCIAL

(Art. 109.)

L'article 109 du Code de commerce est intitulé : *des achats et ventes ;* double inexactitude ; d'abord, parce qu'il n'y a pas d'achats, et ensuite, les règles renfermées dans cet article s'appliquent à tout acte commercial. Le législateur s'est occupé particulièrement de la vente, parce que c'est le contrat qui est le plus usité dans le commerce.

Tous les moyens de preuve, employés par le Droit civil, ont été admis en matière commerciale ; plusieurs autres même ont été ajoutés, tels que livres, bordereaux de courtiers ou agents de change, etc. Quand aux moyens de preuve, admis par le droit civil et maintenus dans le droit commercial, ils ont été affranchis de certaines rigueurs, à cause de la nature même des actes commerciaux.

En droit commercial on distingue deux sortes de preuves : la preuve littérale et la preuve testimoniale.

La preuve littérale comprend :

§ I. ACTES-PUBLICS. — L'acte public, mentionné par l'article 109, par opposition à l'acte sous seing privé, n'est autre que l'acte notarié. En matière commerciale on emploie peu l'acte authentique, à cause des formalités à employer. Il y avait un cas (art. 40 du Code de commerce) pour lequel la loi exigeait un acte authentique : c'était pour la formation des Sociétés anonymes. L'article 40 a été aboli par la loi du 24 juillet 1867.

§ II. Acte sous seing privé. — L'acte sous seing privé est celui que les parties font et signent elles-mêmes sans l'intervention d'un officier public. Il doit cependant revêtir certaines formes.

Ici, les règles du droit civil, ne sont pas celles du droit commercial, ainsi :

1° *Première dérogation.* — Lorsqu'il s'agit d'un acte sous seing privé, contenant une convention synallagmatique, l'article 1325 du Code Napoléon exige une rédaction en double avec la mention qu'il a été fait en autant d'originaux qu'il y a de parties ayant un intérêt distinct. En matière commerciale, cette formalité du double n'est pas exigée.

2° *Deuxième dérogation.* — Entre commerçants, il n'est pas nécessaire, pour que l'acte sous seing privé soit valable, qu'il renferme le : « *bon ou approuvé ;* » tandis que l'article 1326 exige cette formalité pour les personnes non commerçantes.

3° *Troisième dérogation.* — L'article 1328 du Code Napoléon dit, que l'acte sous seing privé n'a de date certaine contre les tiers que du jour où il a été enregistré , ou du moment où certaines conditions exigées par cet article ont été accomplies. En droit commercial, cette règle n'existe pas.

L'usage commercial a toujours admis que les écrits ont date certaine par eux-mêmes.

§ III. Bordereau ou arrêté d'un agent de change ou courtier, dument signé par les parties. — La vente n'est pas toujours convenue directement par les parties. Bien souvent elle aura été conclue par l'intermédiaire légal, à qui ce soin est attribué, c'est-à-dire l'agent de change ou courtier, qui rédige la convention, fait un bordereau.

Qu'est-ce donc qu'un bordereau ?

On appelle bordereau l'acte que dresse un courtier ou un agent de change pour constater les obligations contractées par les parties qui ont signé. Le bordereau, qui est un acte de commerce a date certaine ; les parties signent l'écrit, et la loi exige aussi la signature du courtier ou de l'agent de change pour que les parties ne soient pas exposées à recourir à une vérification d'écriture, sur la dénégation d'une des parties de reconnaître son écriture, comme nous l'avons dit, le bordereau du courtier, ne fait preuve de la vente, que si les parties l'ont respectivement signé ; sinon l'acte perdant toute sa force probante, on serait obligé de prouver la vente par tout autre mode de preuve admis par l'article 109 , et surtout par la preuve testimoniale.

Le bordereau du courtier constitue-t-il un acte authentique ou un acte sous seing privé ?

La question est très-controversée ; cependant, comme il n'y a ici aucune solennité requise , nous croyons que le bordereau n'est pas un acte authentique, mais bien un acte sous seing privé.

§ IV. Facture acceptée. — La facture peut être acceptée *expressément* ou *tacitement*. — Expressément : quand le vendeur, par exemple, envoie à l'acheteur deux factures dont l'une lui est renvoyée avec le mot *accepté* ; ou bien quand l'acheteur mentionne l'acceptation dans une lettre. — Il y a acceptation *tacite*, quand l'acheteur vend à son tour les marchandises, cette vente suppose l'acceptation.

Entre deux factures acceptées, c'est la première en date qui est seule valable ; mais s'il y a une facture livrée à deux personnes, si par exemple, deux personnes achètent à un marchand, la même chose, si la marchandise n'a été livrée à aucun des acheteurs, ce sera le premier acheteur qui aura droit à la marchandise ; si au contraire, elle a été livrée à l'un d'eux, celui-ci la gardera, en vertu de l'article 1141. On a supposé, mais à tort, qu'il y avait ici tradition fictive vu que le transfert de la propriété a lieu par le seul consentement. (Article 1138 du Code Napoléon.)

§ V. Par correspondance. — Les commerçants prennent copie des lettres qu'ils écrivent et conservent celles qu'ils reçoivent.

Mais ici se place une question controversée ; il s'agit de savoir, quand une convention se forme par correspondance, à partir de quel moment cette convention est formée, est parfaite ; est-ce au moment de l'acceptation, ou bien au moment où celui qui a fait l'offre, reçoit la lettre qui l'avertit, lui apprend que son offre a été acceptée.

Nous savons que d'après le Code Napoléon, le seul consentement suffit pour former une convention : il n'est donc pas nécessaire pour que les deux parties soient engagées, que la lettre qui contient l'acceptation soit parvenue à celui qui a fait l'offre ; il faut seulement que l'acceptation soit irrévocable.

Quelques auteurs voulant appliquer à ce cas, les formalités des donations, dans lesquelles on exige la notification de l'acceptation du donataire au donateur (article 932 du Code Napoléon), en ont conclu que l'acceptant n'est point lié tant que sa lettre n'est point parvenue à celui qui a fait l'offre ; mais ici, il y a une grave injustice dans la différence des conditions du vendeur et de l'acheteur : le premier est lié, tandis que le second ne l'est pas, cela ne saurait être ; il faut que leur condition soit égale ; c'est donc à tort que l'on applique ce cas aux affaires commerciales, que la loi favorise, bien loin de les entraver.

Pour décider la question, il suffit de dire : que le seul consentement suffit, qu'une fois l'acceptation faite, le contrat est formé, mais il faut que cette acceptation soit irrévocable.

§ VI. LIVRES DES PARTIES. — La loi a imposé à tout commerçant l'obligation de tenir des livres pour trois motifs :

1° Dans l'intérêt du commerçant lui-même pour savoir au juste l'état de ses affaires ;

2° Dans l'intérêt des créanciers, en cas de faillite, parce que le syndic, saura tout de suite, quel est l'actif, quel est le passif ;

3° Pour faciliter la preuve des engagements commerciaux.

Tout commerçant est obligé de tenir trois livres : le livre journal, le livre de copie des lettres et le livre des inventaires.

Quelle est la force probante des livres de commerce ?

Il faut distinguer si le commerçant est *demandeur* ou *défendeur :*

1° Examinons d'abord le cas où il invoque, comme demandeur, ses livres contre un commerçant.

Les livres de commerce font preuve entre deux commerçants, mais il faut qu'ils soient régulièrement tenus, et qu'il s'agisse d'un fait de commerce. Le juge peut les accepter ou les repousser, suivant qu'il le jugera à propos. Mais si l'acte n'est pas commercial, de la part du commerçant défendeur, les livres ne font pas preuve ;

2° Examinons le cas où il s'agit d'un non commerçant.

Ces livres ne font pas preuve. En effet, l'article 1329 du Code Napoléon dit ·

« Les registres des marchands ne font point, contre les personnes non marchandes, preuve des fournitures, qui y sont portées, sauf ce qui sera dit à l'égard du serment. » Que signifient ces mots : « sauf ce qui sera dit à l'égard du serment ? » — Voici l'explication qui a été donnée : si un commerçant envoie des fournitures à un non commerçant et que ses livres de commerce soient régulièrement tenus, le juge ayant un commencement de preuve, peut déférer à l'une ou à l'autre des parties le serment supplétoire.

Supposons qne le commerçant soit *défendeur*, on pourra invoquer ses propres livres contre lui, soit en faveur d'autres commerçants, soit en faveur de personnes non commerçantes. Cela découle de la règle : l'aveu est indivisible, et l'écrit est un aveu indivisible.

§ VII. Preuve testimoniale dans le cas ou le tribunal croira devoir l'admettre. — L'admissibilité de la preuve par témoins permet et autorise celle par présomptions, si elles sont suffisantes pour fixer l'opinion du juge ; voilà pourquoi l'article 109 n'autorise la preuve testimoniale que dans le cas où le tribunal croira devoir l'admettre.

Il y a dans le Code de Commerce deux dérogations au Code Napoléon quand à la preuve testimoniale :

Il n'est reçu aucune preuve par témoins contre et outre le contenu aux actes, dit l'article 1341, ni sur ce qui serait allégué avoir été dit avant, lors ou depuis les actes.

En droit civil, la preuve testimoniale n'est admise que pour une somme au-dessous de 150 francs.

Mais en matière commerciale : 1° la preuve testimoniale est toujours admise, même lorsqu'il s'agit d'une somme supérieure à 150 francs.

2° On admet généralement aujourd'hui, bien que ce soit une question controversée, que les juges peuvent admettre la preuve testimoniale, même quand il y a des écrits constatant les obligations contestées. (En ce sens, arrêt de la cour de Riom, 4 août 1857. — Cour de cassation, 10 avril 1860.)

Quand les deux parties sont des commerçants, il y a lieu à l'application de l'article 109.

Mais que décider quand l'acte sera commercial à l'égard d'une partie et sera civil par rapport à l'autre ?

Si la partie qui a fait un acte de commerce poursuit une autre personne ayant fait un acte civil, ou emploiera les preuves du droit civil.

Si c'est un non commerçant qui poursuit un commerçant, il aura le choix de faire admettre ou les preuves employées en droit commercial ou les preuves admises en droit civil. (Dans ce sens, arrêt de la cour de cassation, 19 novembre 1862.)

DROIT ADMINISTRATIF

DE LA PROCÉDURE DEVANT LES CONSEILS DE PRÉFECTURE

La procédure est l'ensemble des règles auxquelles doivent se conformer les parties qui plaident devant une juridiction.

Devant les Conseils de préfecture, la procédure n'a fait l'objet d'aucun règlement général ; aussi y a-t-il quelquefois des difficultés faute d'un Code de procédure administrative ; c'est par voie d'emprunt qu'elle a été organisée pièce à pièce, soit aux règlements de procédure générale devant le Conseil d'État, datant du **22 juillet 1806**, soit au Code de procédure civile. Quelques règles ont été cependant déterminées, d'une manière spéciale, par le décret impérial du **12 juillet 1865**.

Les caractères principaux de la procédure devant les conseils de préfecture sont au nombre de deux.

1° Cette procédure est beaucoup plus simple, beaucoup moins chargée de formalités que devant les tribunaux de l'ordre judiciaire, qui renferment un grand nombre de formalités prescrites à peine de nullité, tandis qu'elles sont très-rares dans la procédure administrative.

2° La procédure administrative présente beaucoup moins de détails *irritants,* c'est-à-dire prescrits à peine de déchéance que dans la procédure de l'ordre judiciaire.

PROCÉDURE ORDINAIRE

Demande introductive d'instance.

—

Elle est formée au moyen d'un mémoire ou d'une pétition, acte qui n'est soumis qu'à une condition, celle d'être écrit sur papier timbré ; elle est adressée soit au Conseil de préfecture, soit au préfet en sa qualité de président du Conseil. Il faut que cette demande soit signée par le demandeur lui-même ou par son mandataire spécial muni d'une procuration. Il n'est pas nécessaire de faire signifier la demande à son adversaire, qui sera informé par un avis administratif si c'est un simple particulier.

Instruction.

—

Lorsque cette demande a été formée, elle doit être, d'après le décret du 12 juillet 1865, enregistrée immédiatement, avec un numéro d'ordre, sur un registre spécial, tenu à cet effet par le secrétaire du Conseil de préfecture. Elle doit être communiquée au président ou au vice-président du Conseil, qui prend connaissance de l'affaire, et désigne un conseiller rapporteur devant faire un rapport sur l'affaire. La partie adverse est ensuite informée par un avis administratif ; elle peut faire des observations par voie écrite si elle le juge convenable ; le demandeur à son tour peut répondre. Il n'est pas nécessaire de faire signifier par huissier ; on le peut si l'on veut, mais on n'y est pas obligé. L'instruction est, comme nous l'avons dit, confiée à un conseiller rapporteur qui jugera si l'instruction est complète ou non. L'affaire est alors portée devant le Conseil de préfecture pour être jugée.

Dans tout le cours de cette instruction, il n'y a ni avoués ni avocats : c'est le demandeur ou le défendeur qui sont directement en cause.

Formes des Débats.

Jusqu'à ces derniers temps, une fois l'instruction terminée, il n'y avait ni publicité, ni débat oral, ni audition du ministère public ; ces trois lacunes très-regrettables ont été comblées par le décret impérial du 30 décembre 1862 , confirmé par la loi du 21 juin 1865.

Ce n'est qu'en matière contentieuse qu'a été introduite, devant les Conseils de préfecture, la triple innovation, de la publicité, de l'autorisation du débat oral et de l'audition du ministère public.

Aujourd'hui donc, il y a : 1° publicité dans une des salles du Conseil de préfecture , portes ouvertes ; 2° débat oral ; sur chaque affaire, on lit un rapport écrit, un rapport verbal n'est pas admis ; ensuite les parties en cause sont admises à présenter telles observations orales qu'elles jugeront convenables. Si on a oublié quelque point important dans les mémoires , on peut les présenter ; 3° ensuite le ministère public est entendu (il est entendu dans toutes les affaires). C'est le secrétaire général de préfecture qui porte la parole et remplit les fonctions de ministère public. Le président déclare l'affaire terminée ; les membres du Conseil se retirent dans la salle de délibération et on prononce la décision publiquement. Cette décision porte le nom *d'arrêté ;* seulement il équivaut à un véritable jugement quoiqu'il n'en porte pas le nom. Cette décision est exécutoire par elle-même sans avoir besoin d'aucun visa , d'aucune approbation de la part d'un membre quelconque de l'ordre judiciaire. L'expédition exécutoire de cette décision n'a pas besoin de renfermer la formule exécutoire.

Des Décisions des Conseils de préfecture.

Les décisions du Conseil de préfecture se divisent : 1° en décisions contradictoires et par défaut ; 2° en décisions définitives, provisoires, préparatoires et interlocutoires.

La décision est *contradictoire* lorsque chacune des parties a présenté une défense quelconque écrite si peu développée qu'elle soit.

La décision sera *par défaut* lorsqu'une partie, surtout le défendeur, n'aura présenté aucune observation écrite.

Aux termes des articles 13, 14, 15 et 16 du décret du 12 juillet 1865, ces arrêtés doivent être motivés, contenir les noms et conclusions des parties, le vu des pièces principales et les dispositions législatives dont ils font l'application, mentionner qu'il a été statué en séance publique, que le commissaire du gouvernement a été entendu, ainsi que les noms des membres qui y ont pris part.

La minute est signée par le président, le rapporteur et le secrétaire-greffier.

Incidents.

—

Les incidents sont des demandes formées incidemment à une demande principale telles que enquêtes, expertise. Actuellement chacun de ces incidents est régi par les dispositions du code de procédure civile ; seulement, ils sont instruits sous la forme sommaire, c'est-à-dire sous la forme la plus courte et la moins coûteuse.

Deux règles fondamentales président à ces matières :

1° Si, dans le cours d'une contestation, il vient à s'élever une question de faux incident civil, cette contestation devra être portée devant un tribunal judiciaire.

2° Si incidemment ou préjudiciellement, il s'élève une question d'État, de nationalité ou de filiation, le Conseil de préfecture, devra se déclarer incompétent.

Voies de Recours.

—

Les arrêtés rendus par le Conseil de préfecture ne sont jamais en dernier ressort.

Les voies de recours actuellement sont :

L'opposition ;

L'appel ;

La tierce opposition.

1° *Opposition* — L'opposition est une voie de recours spéciale pour les arrêtés rendus par défaut. Elle peut être formée jusqu'à l'exécution de l'arrêté et produit un effet suspensif.

2° *Appel*. — Il est recevable contre tout arrêté contradictoire, définitif ou préjugeant le fond, s'il s'agit d'un avant dire-droit. L'appel est porté devant le Conseil d'État ; mais il est quelquefois porté devant la Cour des Comptes, en matière de comptabilité publique. Le délai qui est un des rares délais prescrits à peine de déchéance, est de trois mois, à partir de la notification de l'arrêté attaqué, soit que l'appel soit porté devant le Conseil d'État, ce qui est la règle générale, ou devant la Cour des Comptes ce qui est l'exception.

3° *Tierce opposition*. — C'est un recours extraordinaire accordé à un tiers qui éprouvé un préjudice par suite d'un arrêté du Conseil de préfecture. La tierce opposition est portée devant le tribunal qui a rendu le jugement attaqué. Elle est recevable pendant trente ans.

Pour les arrêtés rendus par les Conseils de préfecture, il n'y a que ces trois séries de recours ; il n'y a donc ni prise à partie, ni requête civile ; parce que, quant à la requête civile, elle n'est ouverte que pour les décisions rendues en dernier ressort ; et quant à la prise à partie, parce qu'elle a des formes qui ne sont nullement compatibles avec l'organisation administrative.

Quant au pourvoi en Cassation, il se confond avec l'appel.

VU PAR LE PROFESSEUR , PRÉSIDENT DE LA THÈSE,
A. PISON.

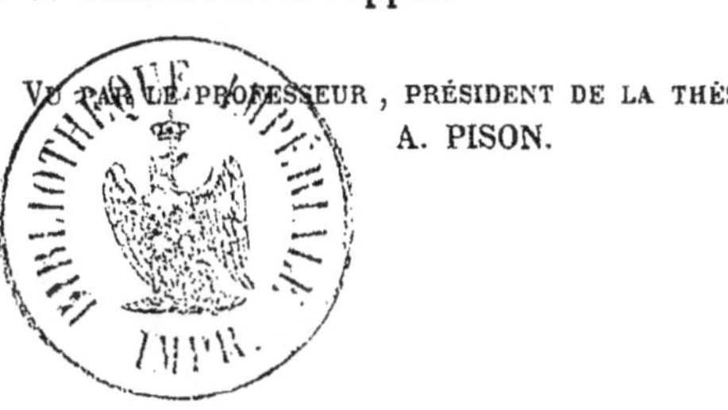

VU ET PERMIS D'IMPRIMER :
Le Recteur de l'Académie d'Aix,
Officier de la Légion d'honneur,
VIEILLE.